Conni kommt in den Kindergarten

Eine Geschichte von Liane Schneider
mit Bildern von Eva Wenzel-Bürger

CARLSEN

Conni zieht heute ihr schönstes Kleid an. Conni hat Geburtstag. Sie ist jetzt 3 Jahre alt. Endlich alt genug für den Kindergarten!

Für den Kindergarten braucht sie viele Sachen. In ihren Geschenkpaketen findet sie eine rote Kindergartentasche und rote Hausschuhe.

Sie braucht einen Turnbeutel.
Den näht Mama selber. Conni darf den Stoff
zuschneiden und beim Nähen helfen.

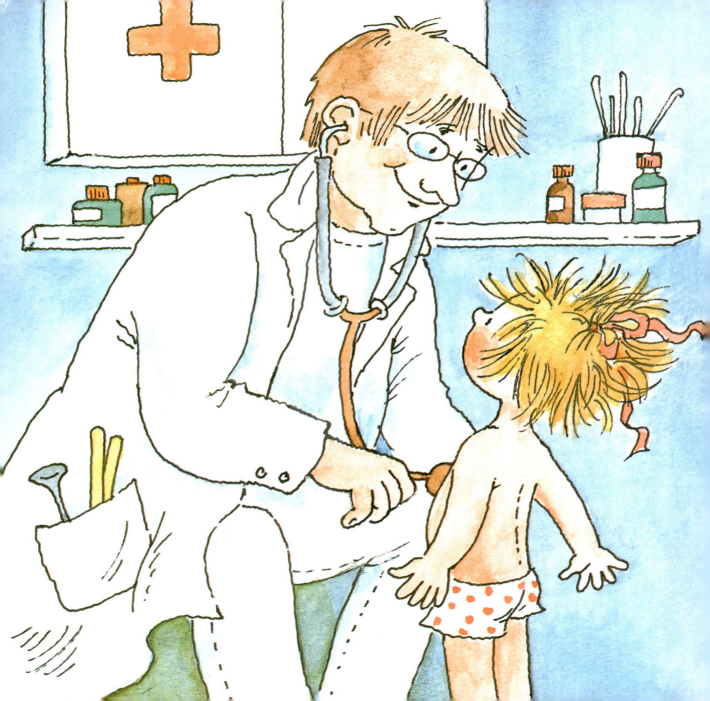

Nun muss Conni noch zum Doktor. Nur gesunde Kinder dürfen in den Kindergarten. Der Arzt untersucht ihren Mund und ihre Ohren. Er kitzelt ihren Bauch und wuschelt ihre Haare durcheinander, um zu sehen, ob etwas darin ist. Alles in Ordnung: Conni darf in den Kindergarten!

Endlich ist der erste Kindergartentag da. Conni hat ein bisschen Angst. Am Abend vorher redet sie lange mit Mama darüber, wie es wohl sein wird.

Am Morgen wird Conni von Mama geweckt. Conni ist gleich wach. Sie sucht ihre Sachen selber aus und zieht sich ganz alleine an.

Zuerst gehen Mama und Conni zum Bäcker und holen Kakao und Hörnchen für das Frühstück. Dann gehen sie los.

Im Kindergartenflur sind viele Haken mit bunten Bildern daneben. Conni darf sich einen Haken für ihre Tasche und ihre Jacke aussuchen. Sie begrüßt die Erzieherin und gibt ihr ein Foto für den Geburtstagskalender.

Mit Xenia baut Conni eine Bude aus Decken und Kissen. Dann gibt es Frühstück.

Aber Conni will lieber malen. Sie setzt sich an den Maltisch, wo Papier und Stifte liegen.

Nun hat sie genug gemalt. Sie holt ein Holzspiel, auf dem man Autos und Murmeln herunterfahren lassen kann. Da wollen auch die anderen Kinder mitspielen.

Als Nächstes entdeckt Conni die Waage. Sie wiegt den Teddy und den Elefanten, die Maus und das Schaf. Das Schaf ist am schwersten. Da bleibt die Waagschale immer unten.

Nach dem Aufräumen gehen alle Kinder nach draußen. Sie klettern und schaukeln. Sie rutschen und toben. Sie fahren Roller und bauen Burgen im Sand.

Nach einer Weile ruft die Erzieherin alle herein. Sebastians Geburtstag wird gefeiert. Die Kinder setzen sich im Kreis um den Tisch herum. Die Kerzen werden angezündet. Alle singen Geburtstagslieder. Sebastian packt seine Geschenke aus. Anschließend darf er Kuchen an die Kinder verteilen. Zuletzt wird das Schlusslied gesungen. Der Kindergarten ist für heute aus. Auf dem Flur warten schon die Mamas oder Papas auf ihre Kinder. Auf dem Heimweg hat Conni viel zu erzählen!